PF284566

Resilienz trainieren

*Wie Sie Ihre psychische Widerstands-
kraft, Willenskraft & Selbstdisziplin
stärken, Stress bewältigen und Lebens-
krisen nachhaltig meistern*

Nadja Frerichs

Alle Ratschläge in diesem Buch wurden sorgfältig erwogen und geprüft. Eine Garantie kann dennoch nicht übernommen werden. Eine Haftung des Autors beziehungsweise des Verlags für jegliche Personen-, Sach- und Vermögensschäden ist daher ausgeschlossen.

INHALT

I. Resilienz – Was verstehen wir darunter? 1

II. Meine Geschichte zur Resilienz 3

III. Sind positive Menschen widerstandsfähiger?.. 10

IV. Kann ich meine Widerstandskraft erhöhen?.... 13

1. Widerstandsfähig werden – Meine Ratschläge
.... 16

2. Widerstandsfähig werden – Positive
Eigenschaften 20

3. Widerstandsfähig bleiben – Auch in Corona-
Zeiten 23

V. Willenskraft und Selbstdisziplin 27

VI. Resilienz aufbauen 31

VII. Resilienz im Beruf 41

VIII. Resilienz in der Partnerschaft 51

IX. Resilienz bei Kindern 59

I. Resilienz – Was verstehen wir darunter?

„Befragt" man das Wörterbuch, was unter Resilienz zu verstehen ist, erfahren wir, dass die psychische Widerstandskraft und die Fähigkeit, schwierige Lebenssituationen ohne anhaltende Beeinträchtigung zu überstehen, gemeint ist.

Das Lateinische (von resilire) können wir übersetzen mit „zurückspringen" oder „abprallen".

Es gibt Personen, die mit Zuversicht in Krisen

gehen und den Lebensmut auch dann nicht verlieren, wenn sie sich in ungünstigen Umständen befinden, für die es keine schnelle Lösung gibt.

Medizinisch bezeichnet die Resilienz die Aufrechterhaltung und zügige Genesung der psychischen Gesundheit während stressreicher Phasen sowie die Anpassungen an diese. Auch die unterschiedliche Fähigkeit des Menschen, Krisen zu meistern, ohne gesundheitliche Einbußen psychischer und körperlicher Art, wird als Resilienz bezeichnet.

In diesem Ratgeber werden Sie Methoden kennenlernen, um Ihre eigene Resilienz auszubauen. Vielleicht sind Sie bereits viel widerstandsfähiger, als Sie eigentlich glauben. Genauso gut kann es sein, dass Sie Ressourcen schätzen und kennenlernen, die Ihnen helfen, mit stressigen Alltagssituationen – gerade auch in der Pandemie – umzugehen und positiv aus der Corona-Situation zu kommen.

II. Meine Geschichte zur Resilienz

Ich wurde gebeten, zu dem Thema „Resilienz" einen Ratgeber zu erstellen. Man kam auf mich zu, weil ich vor einigen Jahren noch meinem Körper und mir einiges zugemutet habe und erst lernen musste, Widerstandskraft aufzubauen und auf meinen Körper zu hören. Ich lernte also die Resilienz kennen und beherrsche sie heute gut.

Aber damals: Als berufstätige verheiratete Mutter von zwei Töchtern, die sich heute beide im Studium befinden, beschloss ich aus finanziellen Gründen neben meiner 40-Stunden-Woche im Büro noch ein bekanntes Café in einem nahegelegenen Ortsteil jeweils sonntagmorgens zu unterstützen.

Einige Jahre ging das so: Ich war die Woche über in einem stressigen Front-Office-Büro, abends war Familienzeit, samstags ging ich mit meinen Töchtern einkaufen und wir kochten zusammen und sonntags begann um 8 Uhr mein Job im Café, der mich erst in der Mittagszeit wieder entließ.

Aufgrund der Konstellation, dass ich zu Hause von lieben Menschen und im Büro sowie im Café immer von Menschen umgeben war, die mir sehr wohlgesonnen gegenüberstanden, und ich im Büro einen fabelhaften Chef und im Café mit der Inhaberin eine sehr nette Chefin hatte, die für Probleme immer ein offenes Ohr hatte, war für mich die Welt in Ordnung und dies ging einige Jahre so.

In unseren Feedback-Gesprächen im Büro konnte ich immer wieder positive Resonanz hervorrufen und auch im Café lernte ich ständig viele unterschiedliche nette Leute kennen und arbeitete dort gern in einem Team, in dem ich mich rundum wohlfühlte und in dem jeder den jeweils anderen unterstützte. Mit einigen Kollegen saßen wir noch nach Dienstschluss in der Sonne und genossen die Zeit miteinander. Natürlich durften wir das Frühstück, das serviert wurde, probieren und mein heiß geliebter Cappuccino stand ebenfalls vor Arbeitsbeginn heiß und lecker für mich bereit.

Dann jedoch setzten erste Veränderungen und auch die Wechseljahre ein. Plötzlich war ich längst nicht mehr so leistungsfähig und energiegeladen, wie man mich von früher kannte. Ich war schneller müde und erschöpft, lag abends wie erschossen auf dem Sofa und war leider oftmals schlecht gelaunt und gereizt. Dies war auch für meine Umgebung keine schöne Zeit – wie ich heute weiß.

Mir machten die hormonellen Schwankungen und Schweißausbrüche zu schaffen. Nachts kam ich nicht zur Ruhe, ich schlief zwar ein, wachte aber nach ca. 1 bis 2 Stunden wieder auf und dann lag ich lange Zeit wach. Wenn ich endlich einschlafen konnte, klingelte kurz darauf der Wecker und riss mich aus dem Tiefschlaf.

Meine Konzentration ließ nach, meine Widerstandskraft, die mich bisher durch die Zeit getragen hatte, ohne dass ich mir diese wirklich bewusst gemacht hatte, ließ mich – wie ich fand – im Stich.

Ich fühlte mich im Allgemeinen nicht gut, meine Nerven lagen blank oder zum Zerreißen gespannt. Kam ich abends aus dem Büro, war ich oft schlecht gelaunt oder weinte manchmal los, ohne dass mir ein tatsächlicher Grund einfiel, einfach aus Erschöpfung.

Ich fing an, mich mit dem Thema Resilienz zu beschäftigen, und wusste, hier lag ein Schlüssel vor mir, nur passte er auch für mich?

Folgende Eigenschaften werden resilienten Menschen immer wieder nachgesagt:

✓ **Positives Gedankengut**
✓ **Auseinandersetzung mit sich selbst**
✓ **Gutes Selbstwertgefühl**
✓ **Akzeptanz**
✓ **Lösungsfindung**
✓ **Optimismus**
✓ **Aktives soziales Umfeld**
✓ **Achtsamkeit.**

Konnte dies der Schlüssel zu meinem Glück sein? Nun, ich versuchte, in den Wechseljahren das Positive zu sehen. Hatte ich mich zuvor ein wenig davor gefürchtet, machte mich die aussetzende Menstruation jetzt eigentlich unabhängiger. Eine weiße Hose tragen? Ging plötzlich immer. Die diesbezüglichen Beschwerden fielen weg und knockten mich nicht mehr aus. Der Schwangerschaftsverhütung konnte ich nun gelassen gegenübertreten. Eigentlich fühlte ich mich gar nicht so schlecht.

Wichtig war jedoch: Ich musste mir dessen erst mal bewusst werden, aber das ist ein Bausteinchen zur positiven Resilienz. Ich setzte mich mit mir selbst mehr auseinander.

Ich akzeptierte, dass ich erschöpft war, weil ich mir zu viel zugemutet hatte. Ich erarbeitete eine Lösung, denn die musste her. Daher habe ich die Stelle im Café, die mir immer viel Freude bereitet hatte, aufgegeben.

Ich habe es bedauert, aber die Zeit brauchte ich zukünftig für mich selbst. Als ich gekündigt habe, tat ich dies mit einem lachenden und einem weinenden Auge, aber bereut habe ich es nicht. Ich sagte, dass ich in Ausnahmefällen, sollte es einmal krankheitsbedingt oder Ähnliches keinen Ersatz geben, natürlich helfen würde und ich ging erst, als für meine Nachfolge gesorgt war und diese sorgfältig eingearbeitet wurde. So konnte ich dies für mich selbst akzeptieren und ich ging mit dem guten Gewissen, mich auch hier teamorientiert verhalten zu haben. Im Büro setzte ich durch, dass ich jeden 2. Freitag bereits um 14 Uhr gehen konnte. Diese Zeit nutze ich derzeit, um Einkäufe zu erledigen, und habe dadurch das Wochenende zur Verfügung, um frei darüber zu verfügen. Derzeit probiere ich immer mal wieder etwas Neues auf, aktuell bin ich in einem Online-VHS-Kurs.

Ich behielt meinen Optimismus und wusste, ich konnte die Zeit um die Wechseljahre überstehen. Ich übte mehr Sport aus und musste lernen, wie wichtig guter und erholsamer Schlaf ist. Ich nahm mir Auszeiten. Auf einmal hatte ich Zeit, ein gutes Buch zu lesen oder ein langes Bad inklusive Gesichtsmaske zu genießen. Ich kam zur Ruhe, was mit sehr guttat.

Mein soziales Umfeld krittelte nie an mir herum, sondern begegnete mir mit größter Herzlichkeit, auch in Zeiten, die ich im Nachhinein als schwierig für die anderen bezeichnen möchte. Aber all diese positiven Menschen, die mich begleiteten, halfen mir damals und heute kann ich diesen Personen wieder zur Seite stehen.

Ich lernte, achtsamer auf mich zu hören. Warnzeichen ernst zu nehmen, danach zu handeln und Stress nicht einfach hinzunehmen, bis ich ausbrannte. Heute wende ich Stressbewältigungsstrategien an, um

ruhiger zu werden und den Stress nicht auf mich ein-
wirken zu lassen.

Im Ergebnis wurde ich resilienter, widerstandsfähiger, belastbarer, weil ich auf mich hörte und Menschen um mich hatte und habe, die mir treu zur Seite
standen und heute noch stehen!

III. Sind positive Menschen widerstandsfähiger?

Wenn man mich heute fragt, ob positive Menschen widerstandsfähiger sind als andere, dann beantworte ich dies regelmäßig mit JA!

Ich habe herausgefunden, dass, wenn man das Leben gerade in der derzeitigen Zeit mit all den Corona-Einschränkungen weniger infrage stellt und mit all seinen Unwägbarkeiten als Herausforderung wahrnimmt und annimmt, kommt man besser durch diese Zeit und hat man mehr vom Leben. Hierzu möchte ich Ihnen von unserem Hausmeister erzählen:

Wenn ich morgens ins Büro komme, treffe ich häufig den Hausmeister unseres Büro-Trakts, einen durch und durch positiven Menschen, wie er mir selten begegnet ist. Dieser Mensch mittleren Alters fällt nicht nur mir durch seine Ausstrahlungskraft auf. Er ist der Meinung, den besten Job der Welt zu haben, weil er oft draußen sein kann und er das machen darf, was er gern tut und gut kann und er tagtäglich mit angenehmen Menschen zusammen ist. Er ist derjenige, der andere Leute durch seine sehr bejahende Lebensart mitnimmt und mit seiner Lebensfreude ansteckt. Ich treffe ihn immer wieder gern.

Des Weiteren gibt es eine Frau in meinem Bekanntenkreis, die ständig mit ihrem starken Übergewicht zu kämpfen hat, aber dies in einer humorvollen und herzlichen Art und Weise und mit einem Augenzwinkern tut, dass uns das Herz aufgeht. Sie nimmt ihr Übergewicht nicht auf die leichte Schulter, lässt sich von der Aussage ihrer Waage aber auch nicht unterkriegen und blickt optimistisch in die hoffentlich leichtere Zukunft.

Ich kenne Frauen, die sehr schwere Schicksalsschläge hinnehmen mussten, die ich hier nicht näher erläutern werde, und sich trotzdem nicht unterkriegen lassen. Auffallend ist, dass diese Menschen nicht mit ihrem Schicksal hadern und fragen, warum es ausgerechnet sie trifft, sondern sie akzeptieren, wie es ist, finden Lösungen und behalten ihren Optimismus.

IV. Kann ich meine Widerstandskraft erhöhen?

Um resilienter zu sein, musste ich widerstandsfähiger werden – psychisch und physisch. Aber wie genau soll das gehen? Widerstandsfähig zu werden, bedeutete damals für mich, gesund und im Einklang mit sich selbst zu leben. Dieses Wissen kann ich heute wiedergeben.

Schwierige Lebensumstände sollten geklärt werden, um eine Verbesserung des allgemeinen Befindens herbeizuführen.

Ein positives Lebensumfeld unterstützt mich dabei, optimistisch zu bleiben.

Studien zeigen (und ich weiß es aus eigener Erfahrung), dass ausreichender Schlaf wichtig ist, um nicht zu erschöpfen und um ausgeruht in den Tag starten zu können. Daher sollte versucht werden, der Qualität des Schlafens ein größeres Augenmerk zuzugestehen. Die Techniker Krankenkasse[1] veröffentlichte auf Ihrer Website, wie man mit leichten Stellschrauben den Schlaf verbessern kann. Für eine erholsame Nachtruhe rät die TK, bereits nach dem Mittagessen auf koffeinhaltige Getränke möglichst zu verzichten und auch nicht zu Alkohol zu greifen. Darüber hinaus rät sie, auf schwere Mahlzeiten am Abend zu verzichten und Aktivitäten vor dem Schlafengehen zu verringern. In einem auf www.tk.de veröffentlichten Artikel zitiert die TK eine Studie der Deutschen Gesellschaft für Schlafforschung[2], die vorschlägt, ein persönliches Einschlafritual zu entwickeln und eine gute Raumatmosphäre im Schlafzimmer zu erzeugen. Auf Befragen von Studienteilnehmern kam man dort zu dem Ergebnis, dass

---

[1] www.tk.de

[2] https://www.tk.de/re-source/blob/2033604/118707bfcdd95b0b1ccdaf06b30226ea/schlaf-gut-deutschland-data.pdf

die Personen, die angaben, gut zu schlafen, regelmäßig vorab das Schlafzimmer gut durchlüfteten und zu festen Zeiten ins Bett gingen. Darüber hinaus gaben die Studienteilnehmer an, am besten in einem gut abgedunkelten Raum zu schlafen.

Auch die „Clean-Sleeping"-Methode weist darauf hin, wie wichtig es ist, ausgiebig und vor allem gesund zu schlafen, denn neben Sport und Ernährung ist erholsamer Schlaf eine wichtige Voraussetzung einer gesunden Lebensweise. Besonders Frauen sollten auf einen guten Schlafrhythmus achten, denn dieser könnte Einfluss auf den Hormonhaushalt haben. Die Folgen für lang anhaltenden, schlechten Schlaf könnten ein gestörter Stoffwechsel und diesbezügliche Nebenwirkungen wie beispielsweise Stimmungsschwankungen, Erkrankungen am Herzkreislaufapparat oder Diabetes Typ 2 sowie Zunahme an Gewicht sein. Auch ein schwaches Immunsystem könnte langfristig die Folge eines gestörten Schlafes sein.

Und wenn ich lange nicht ausreichend und behaglich schlafe, wirkt sich dies gestört auf den Stoffwechsel aus, die Bildung des Schlafhormons Melatonin verläuft schleppend und wird nicht rechtzeitig ausgeschüttet. Auch die Clean-Sleeping-Vertreter haben gute Erfahrungen mit Schlafritualen gemacht. Auch sie verzichten früh auf Koffein und Alkohol. In deren Schlafzimmer ist weder das Smartphone noch Fernseher, Tablet oder Ähnliches zu finden. Alle elektronischen Dinge sind verbannt, um einen besseren Schlaf zu fördern.

1. WIDERSTANDSFÄHIG WERDEN – MEINE RATSCHLÄGE

Die allgemeine physische Lage sollte sich in einem guten Rahmen bewegen, sodass ich Ihnen die folgenden Ratschläge für eine Umsetzung geben möchte,

✓ Sport zu treiben und den inneren Schweinehund zu überwinden, ist wichtig.

✓ Die Ernährung, die meinerseits oft aus ungesunden Mittagssnacks bestand, sollte auf *„gesünder als bisher"* umgestellt werden (ich ließ also die Fertigware, die ich sonst in der Mittagszeit konsumiert hatte, weg und bereitete mir schon zu Hause gesunde Snacks vor).

✓ Auf einen gesunden und erholsamen Schlaf achten.

✓ Stressbewältigungsstrategien erarbeiten (z. B. durch

Yoga, Entspannungsübungen, autogenes Training etc.).

✓ Den Genuss von Kaffee oder Tee ein wenig reduzieren, auf Softgetränke verzichten und auch Alkohol nur in geringen Mengen konsumieren.

Mein Rat für Sie lautet also:

• Raus in die Natur oder, wenn Sie nicht im Homeoffice arbeiten, auch nur morgens eine Station früher aus der Bahn steigen und auf dem Weg zur Arbeit ein Stück zu Fuß gehen. Den Aufzug meiden und lieber die Treppen nehmen. Vielleicht kann der nächste Einkauf so gestaltet werden, dass hierfür das Fahrrad genutzt werden kann.

Eine Sportart könnte neu ausprobiert werden oder aber eine altbewährte wieder eingeführt werden. Gibt es eine sportliche Betätigung, die man als Kind gern ausgeübt hat, könnte man sich überlegen, ob man diese nicht nochmals ausprobieren möchte. Arbeitet man ausschließlich im Homeoffice, sollten auch hier Strategien erarbeitet werden, um sich mehr zu bewegen. Schließlich fällt hier schon der Weg zur Arbeit weg. Manchen Leuten hilft es, verbindliche Regelungen für

Sport (z. B. immer montags und freitags) zu treffen, auch wenn das Sofa mit seiner Gemütlichkeit kokettiert.

• Die Ernährung könnte sich frisch, biologisch oder regional orientieren. Das heißt, Saisonartikel berücksichtigen und abwechslungsreich, frisch kochen.

Wichtig ist, Fertigware zu reduzieren oder darauf weitgehend zu verzichten. Ein wenig Schokolade oder ein kleines Glas Wein oder Bier könnte als Belohnung verstanden werden, wenn man sich ansonsten gesund ernährt hat.

• Gesund zu schlafen, das heißt, für eine gute Atmosphäre in dem Schlafzimmer zu sorgen, vielleicht ein Einschlafritual zu schaffen, zu festen Zeiten schlafen zu gehen; viele Personen möchten abgedunkelt schlafen, wie die Clean-Sleeper auf elektronische Geräte im Schlafzimmer und früh auf Koffein und Alkohol verzichten, um einen erholsamen Schlaf herbeizuführen.

• Haben Sie erholsam geschlafen, könnte Ihnen ein etwas früher gestellter Wecker die Möglichkeit geben, zu Hause noch *in Ruhe* einen Kaffee oder Tee trinken zu können. Dies unter der Voraussetzung, dass dies auch wirklich so gewollt ist. Natürlich ist die Eule unter uns nicht erbaut, den Wecker „noch früher" zu stellen.

Aber wenn ich meinen Wecker ein Viertelstündchen früher stelle und noch in Ruhe einen Kaffee, einen Tee oder ein wenig Müsli zu mir nehme und darauf verzichte, ein kurzes Frühstück hinunterzuwürgen, starte ich gelassener in den Tag. In diesem Zusammenhang las ich vor Kurzem in einer der führenden Frauenzeitungen[3] von einer 51-jährigen Frau, die den ersten Kaffee als den besten des Tages bezeichnete. Sie brüht den ersten Kaffee morgens nur für sich selbst auf, genießt ihn an ihrem Küchentisch mit Blick auf ihren Garten und gönnt sich damit vor der Hektik des Alltags ruhige fünf Seelen-Minuten.

• Schaffe ich es sogar, noch ein wenig früher das Haus zu verlassen, also nicht auf den letzten Drücker loszufahren und eventuell einen Stau oder Probleme im öffentlichen Personen-Nahverkehr in Kauf zu nehmen, komme ich entspannter im Büro oder auf der Arbeit an und kann mich eventuell schon vorher ein wenig sportlich betätigen, wenn ich vielleicht eine Station laufe oder auf das Fahrrad umsteige.

---

[3] Lea, Ausgabe Nr. 15

• Sich bewusst zu machen, wie wichtig es ist, Stress und stressigen Situationen nicht belastbar für den Körper werden zu lassen und entgegenzuwirken, ist eine Voraussetzung, um seine Willenskraft in eine positive Richtung zu lenken und zu erkennen, dass der Wille die Kraft ist, die dem Menschen eine hohe Widerstandskraft gibt, um das Leben problemlos meistern zu können.

2. WIDERSTANDSFÄHIG WERDEN – POSITIVE EIGENSCHAFTEN

Für die physische Widerstandskraft muss ich – wie beschrieben – lernen, mich auf mich selbst zu verlassen und mir zu vertrauen. Die zuvor schon genannten Eigenschaften:

✓ **Positives Gedankengut**

✓ **Auseinandersetzung mit mir selbst / gutes Selbstwertgefühl**

✓ **Lösung finden**

✓ **Akzeptanz**

✓ **Optimismus**

✓ **Soziales Umfeld**

✓ **Achtsamkeit**

sind ein wichtiger Baustein zum Aufbau der Resilienz.

▪ Bei resilienten Menschen wurde beobachtet, dass die Menschen eine positive Einstellung zum Leben haben. Sie denken nicht in Katastrophen-Kategorien, sondern sie versuchen, der Herausforderung etwas Positives abzugewinnen.

Änderungen sehen sie als Herausforderung an und sie wissen, dass sie mit jeder gemeisterten Herausforderung über sich hinauswachsen. Sie sagen sich viel eher: „Ich schaffe das" als: „Wieso passiert das mir?"

▪ Die Menschen, die über gute Resilienz-Vorräte verfügen, haben ein ausgeprägtes Selbstwertgefühl, denn sie glauben an sich selbst und das ist wichtig! Darüber hinaus übernehmen Sie die Verantwortung für sich und ihr Leben. Die Rolle des Opfers lehnen sie ab.

▪ Die nächste Voraussetzung, die bei diesem Personenkreis zu finden ist, ist die Orientierung daran, Lösungen zu erarbeiten, auch wenn die Lösungswege unkonventionell erscheinen mögen. Sie verzweifeln nicht, wenn sich Probleme oder Unwägbarkeiten nicht sofort lösen lassen, sie können im Bedarfsfall abwarten. Lösungen finden sie aber beständig.

▪ Akzeptanz ist eine der Eigenschaften, die immer wieder in diesem Bereich als unabdingbar erklärt wird. Menschen, die über eine ausgeprägte Widerstandskraft verfügen, sind in der Lage, Dinge, positiv wie negativ, zu akzeptieren, so wie sie sind, und sie gehen dementsprechend damit um.

▪ Positiv gestimmte Menschen haben ein soziales Umfeld, das sie stützt und das sie selbst stützen. Sie bitten um Hilfe und stehen helfend zur Seite. Sie trennen sich von Menschen, die ihnen nicht guttun, oder versuchen, Beziehungen zueinanderzuhalten, zu verbessern und gegebenenfalls zu klären.

▪ Sie leben achtsam und sorgen auch in stressigen Zeiten zum Beispiel durch Entspannung für sich selbst. Sie greifen beispielsweise zu Yoga oder autogenem Training oder sie meditieren.

Ihre Selbstdisziplin macht ihnen das Leben etwas einfacher. Sie legen sich selbst einige wenige (!) Regeln auf, um leichter durchs Leben zu kommen. Diese Regeln muss aber jeder für sich selbst finden.

Zusammenfassend:
❖ Bleiben Sie positiv, legen Sie ständiges negatives Gedankengut ab.
❖ Schlafen Sie gesund und betätigen Sie sich sportlich.
❖ Verbessern Sie Ihre Ernährung.
❖ Bleiben Sie optimistisch.
❖ Akzeptieren Sie, was Sie nicht ändern können.
❖ Versuchen Sie, Lösungen zu finden.
❖ Greifen Sie auf Ihr soziales Umfeld zurück, nehmen Sie Hilfe an und stehen Sie helfend für andere zur Verfügung.

3. WIDERSTANDSFÄHIG BLEIBEN – AUCH IN CORONA-ZEITEN

Die derzeitige Krise hält immer wieder Herausforderungen für uns bereit. Das können die schnelllebigen Nachrichten oder Informationen, die uns fluten, sein oder die gefühlt täglichen Änderungen von Regeln und Verordnungen hinsichtlich der Pandemie.

Wie wir darauf reagieren, ist jedoch unsere Entscheidung. Denn auch, wenn wir uns in einer Situation befinden, die uns fremd ist, sollten wir zunächst akzeptieren, was nicht zu ändern ist. Das Virus begleitet uns derzeit Tag für Tag. Neue Regelungen sind zu beachten. Die Maskenpflicht begleitet uns.

Trotz alledem sollten wir optimistisch bleiben, auch wenn uns dies gerade in dieser Zeit schwerfällt. Wir sollten uns zurückbesinnen auf die Ressourcen, die uns Kraft geben, und aus unseren guten Erfahrungen der Vergangenheit lernen. Optimismus hilft, denn er hält uns davon ab, uns in negativen Gedanken zu drehen.

Wichtig ist weiterhin, Lösungswege zu erarbeiten und Lösungen zu finden. Sind Sie im Homeoffice und fühlen sich erschöpft, weil Ihnen die Büroumgebung und die Kollegen fehlen? Oder die Struktur und die Alltags-Routine? Sie benötigen eine gute Tagesstruktur. Schaffen Sie auch im Büroalltag Auszeiten und halten Sie Pausenregelungen ein. Nutzen Sie diese Zeit für gesunde Snacks. Schalten Sie den PC abends aus, lassen Sie die E-Mails, die vielleicht auch am späten Nachmittag oder Abend kommen, in Ihrem Postfach und gönnen Sie sich den Feierabend. Trennen Sie Büroarbeit und Freizeit auch räumlich. Schaffen Sie ein gemütliches Plätzchen, an dem Sie arbeiten, aber die restliche Wohnung sollte Ihrer Freizeit dienen.

Behalten Sie den Kontakt zu Ihren Kollegen. Arbeiten Sie nicht tagein tagaus allein, sondern zoomen Sie oder halten Sie netten E-Mail-Kontakt, wenn keine Besprechungen anstehen. Telefonieren Sie mal wieder mit Ihren Kollegen.

Halten Sie genauso Kontakt zu Ihren Freunden und Bekannten. Denken Sie immer daran: Wir alle sitzen im gleichen Boot und irgendwann ist die Pandemie überstanden.

Hier sind wir dann schon beim Thema Selbstfürsorge. Denken Sie an sich. Verlassen Sie nachmittags oder abends das Haus für einen Spaziergang oder Sport. Auch diese Routine hilft Ihnen beim Abschalten. Sorgen Sie für sich selbst und Ihren Körper. Vergessen Sie nicht, ausreichend zu trinken. Wenn Ihnen die Corona-Krise sehr zusetzt, verzichten Sie auf eine ständige Nachrichten-Flut. Lassen Sie sich von reißerischen Schlagzeilen nicht verunsichern. Schauen Sie stattdessen einmal am Tag oder Abend eine seriöse Nachrichten-Sendung oder lesen einmal am Tag den Stand der Dinge in der Zeitung. Probieren Sie Yoga aus oder meditieren Sie, um zur Ruhe zu kommen.

Versuchen Sie, erholt zu schlafen. Schalten Sie PC, Fernseher, Smartphone aus oder verbannen Sie elektrische Geräte noch besser direkt aus dem Schlafzimmer. Genießen Sie vorher lieber ein gutes Buch oder lassen Sie sich von Musik beruhigen. Ausreichender

Schlaf ist elementar wichtig und wenn Sie für guten und erholsamen Schlaf sorgen, sorgen Sie für sich selbst.

V. Willenskraft und Selbstdisziplin

Warum haben manche Menschen eine höhere Widerstandsfähigkeit und können Herausforderungen besser meistern als andere? Der Grund liegt in einer gewissen Selbstdisziplin.

Um Fehler zu vermeiden, reagieren manche Menschen unentschlossen auf Situationen oder Veränderungen. Sie brauchen lange, um einen Entschluss herbeizuführen und ändern ihre Meinung. Wichtig ist jedoch, einen Entschluss herbeizuführen, um ein Ziel verwirklichen zu können.

Erfolgreiche Menschen verschaffen sich einen Überblick über Pro und Kontra und führen dann eine Entscheidung herbei, die sie gegebenenfalls den Situationen anpassen, aber nicht mehr groß verändern, auch wenn Situationen unbequem werden und der Weg des geringen Widerstandes einfacher einzuschlagen wäre.

Wichtig ist hier, sich selbst zu vertrauen und sich bewusst zu machen, welche guten Eigenschaften man hat, und nicht, welche Eigenschaften Ihnen noch fehlen! Ein gutes Bauchgefühl begleitet Menschen, die resilient sind. Auch hier finden sich die folgenden Eigenschaften wieder:

Positives Denken:
Widerstandsfähige Menschen und Menschen mit einer ausgeprägten Selbstdisziplin reagieren auf neue An- und Herausforderungen nicht von Angst gelähmt. Sie denken vielmehr: Ich schaffe das schon – auch wenn mir der Lösungsweg noch fehlt und ich diesen noch finden muss.

Selbstwertgefühl:
Selbstdisziplinierte Menschen glauben an sich und an ihre Widerstandskraft.

Lösungsfindung: Widerstandsfähige und selbstdisziplinierte Menschen denken lösungsorientiert. Sie planen ihre nähere oder spätere Zukunft. Sorgenvoll blicken sie dabei nicht, eher interessiert und abwartend, auf das, was kommt.

Selbstverantwortung:

Sie nehmen ihr Leben und ihr Los in die Hand. Die Opferrolle ist ihnen fremd, in diese lassen sie sich nicht drängen.

Akzeptanz:

Widerstandsfähige Menschen akzeptieren Umstände, gute wie schlechte, und so wie sie sind. Sie verändern sie, aber passen sich an.

Bitte um Hilfe / soziale Kompetenz:

Widerstandsfähige Menschen schotten sich bei Stress nicht ab. Sie bleiben im Gedankenaustausch mit ihrer Umwelt und holen sich Beistand, wenn sie nicht weiterkommen, und organisieren sich so die nötige Unterstützung.

Aufmerksamkeit:

Widerstandsfähige Menschen haben einen ausgebilde-
ten Sinn für sich selbst. Sie fühlen, wenn sie an ihre
Belastungsgrenzen kommen.

VI. Resilienz aufbauen

Lässt sich Resilienz lernen? Kann ich diese Kompetenzen aufbauen?

Die Forschung zur Resilienz kommt zu dem Ergebnis, dass dies ausschließlich zu bejahen ist. Auch in späteren Jahren kann man resilienter werden und sich aufbauen.

Wenn Studien zum Thema „Resilienz" zitiert werden, dann häufig die Langzeitstudie der Psychologin Emmy Werner[4]. Sie hat innerhalb mehrerer Jahrzehnte

---

[4] Quelle Emmy Werner

700 hawaiianische Kinder, geboren um 1955, erforscht, von denen rd. 1/3 vernachlässigt wurden oder in Armut aufwuchsen. Diese Kinder lernten früh Krankheit und Suchtprobleme ihres Umfeldes kennen. Die Lebensumstände waren nicht als kindgerecht zu bezeichnen.

Ein Teil dieser Kinder übernahm im späteren Alter das durch ihre Eltern vorgeprägte Leben, auch sie wurden abhängig von Alkohol, Tabletten oder Drogen, waren verhaltensauffällig oder beendeten die Schule nicht.

Ein anderer Teil dieser begleiteten Kinder ließ sich aber nicht unterkriegen durch Vernachlässigung oder Suchterkrankung der Eltern bzw. durch ihre schwierigen Startbedingungen. Vielmehr setzten sie sich durch und konnten ihre Außenseiter-Rolle, bedingt durch die Lebensumstände ihrer Eltern, ablegen.

Emmy Werner, die diese Kinder gern als „verletzlich, aber unbesiegbar" definierte, erläuterte, wie wichtig das Umfeld außerhalb der Familie war. Dieses äußere Umfeld trug dazu bei, dass die Kinder die prekäre Situation ihres Zuhauses ablegen konnten, und beeinflusste die Entwicklung der Kinder in positivem Maße.

Zusammenfassend erläuterte sie, dass die Kinder, die später gestärkt durchs Leben gingen, mindestens eine Bezugsperson hatten, die sie förderte und die ihnen vermittelte, wie wertvoll sie waren. Diese Personen gaben den Kindern gleichzeitig Orientierung, setzten aber auch Grenzen. Aus der vorbezeichneten Studie ging hervor, dass nicht nur Vater oder die Mutter als wichtige Bezugsperson das Kind formten, sondern dass dies auch andere Menschen übernehmen konnten.

Wichtig war, die Kinder spüren zu lassen, dass es jemanden gab, der ihnen zur Seite stand.

Aus dieser Studie halten wir fest, dass der zentrale Faktor der den Kindern vermittelten stabilen Widerstandskraft eine positive Grundeinstellung war mit allen Freiheiten und Grenzen, die diese Kinder brauchten, und ein verlässliches soziales Netzwerk, das sich als tragfähig erwies. So gestützt, ließen sich die Kinder nicht so leicht unterkriegen. Sie lernten, Herausforderungen zu meistern, Dinge zu akzeptieren, Lösungen zu finden und sich letztlich nicht unterkriegen zu lassen.

Das Deutsche Ärzteblatt[5] (Ausgabe November 2018) gibt an, dass man lange annahm, dass Resilienz

---

[5] Deutsche Ärzteblatt, Ausgabe November 2018

angeboren sei, aber zwischenzeitlich die Meinung dahin gehend änderte, dass resiliente Eigenschaften sich durch Training aneignen lassen, weshalb zahlreiche Trainingsmethoden angeboten werden. Gefördert werden damit das Selbstvertrauen, eine der wichtigsten Voraussetzungen, sowie die Vermittlung von lösungsorientierten Ansätzen.

Angela Kunzler, Deutsches Resilienz Zentrum[6] Mainz (www.drz-mainz.de), gibt an: „Aktuell wird Resilienz als dynamischer und lebenslanger Prozess verstanden, der im Wechselspiel zwischen Person und Umwelt erfolgt und über verschiedene Lebensbereiche und -phasen variiert."

Jeder Mensch jeden Alters kann sich also diesem lebenslangen Prozess noch anpassen und sein Leben widerstandsfähiger gestalten. Die oben genannte Studie[7] nennt zusammengefasst die folgenden Resilienzfaktoren:

> ➢ dem Leben einen Sinn zu geben,
> ➢ Anforderungen als zu bewältigen zu empfinden
> ➢ Emotionen in positive Richtung richten
> ➢ aktive Mitgestaltung an Lebenssituationen

---

[6] Deutsche Resilienz Zentrum, Mainz, www.drz-mainz.de
[7] Deutsche Resilienz Zentrum, Mainz, www.drz-mainz.de

> ➤ das Leben als kontrollierbar zu empfinden
> ➤ Anforderungen als Herausforderungen wahrzunehmen
> ➤ positives Selbstwertgefühl zu haben
> ➤ Stressbewältigungsstrategien zu kennen und zu beherrschen
> ➤ Lösungsstrategien zu kennen und anzuwenden
> ➤ die Überzeugung, Anforderungen und Krisen aus eigener Kraft bewältigen zu können
> ➤ eine stets optimistische Grundhaltung beizubehalten
> ➤ soziale Unterstützung einfordern
> ➤ Fähigkeit, auf veränderte Umweltbedingungen reagieren zu können
> ➤ Religiosität bzw. Beschäftigung mit Sinnfragen des Lebens.

Würde man diesen Ressourcen, wie oben in der Studie ausgeführt, folgen, wären folgende Eigenschaften wichtig:

Persönlichkeiten, die sich selbst als resilient einschätzen, bestimmen Werte für sich und ihr Umfeld und leben danach.

Sie nehmen die Herausforderungen des Lebens an und gehen davon aus, ihnen kraftvoll begegnen zu können.

Sie sind sich darüber im Klaren, dass Positivität ein wichtiger Ausgangspunkt des Lebens ist.

Situationen können von ihnen kontrolliert werden, nicht sie werden von Situationen kontrolliert oder überrollt, dadurch haben sie die Möglichkeit situationsbedingt zu reagieren.

Das positive Selbstwertgefühl, das sie begleitet, wird von ihnen als wertvoll empfunden. Sie stehen sich selbst positiv gegenüber.

Anforderungen sehen sie als Herausforderung an und freuen sich auf Veränderungen.

Stress wird mit Entspannung begegnet. Stressbewältigungsstrategien, wie beispielsweise Yoga, Meditation oder Ähnliches, ist bei ihnen oft zu beobachten. Manche Personen können sich auch besser entspannen, wenn sie etwas tun, also bspw. töpfern, gärtnern oder malen.

Sie erarbeiten eigene Lösungsansätze und können sich Anforderungen selbst entgegenstellen.

Sie bleiben optimistisch in jeder Phase des Lebens und können auf ein soziales Umfeld zurückgreifen, das sie stützt.

Bei Bedarf fordern sie Unterstützung durch ihr persönliches Umfeld ein. Sie haben kein Problem damit, Hilfe einzufordern, sie sehen dies nicht als Schwäche, sondern als Stärke an.

Auf Veränderungen im Umfeld reagieren sie gelassen und beschäftigen sich mit dem Sinn des Lebens im Rahmen von Religiosität oder Spiritualität.

Resilienz gibt den Menschen die Kraft, sich mit physischem und psychischem Stress auseinandersetzen zu können. Ein mentales Kraftpaket, auf das die Menschen in schwierigen Zeiten, z. B. in der derzeitigen Corona-Pandemie, in der man vielleicht im „Goldenen Käfig" sitzt und lt. Bitte von Ärzten und Experten nicht herausgehen soll, zurückgreifen können, um durchzuhalten, bis wieder bessere Zeiten kommen.

Irgendwann wird ein jeder von uns mit Rückschlägen des Lebens konfrontiert. Einige Herausforderungen sind sicherlich leichter zu meistern als andere, jedoch: Wie wir mit Problemen umgehen, kann auch langfristig eine wichtige Rolle in unserem Leben spielen. Resiliente Menschen haben Stärken entwickelt und sehen Probleme als Herausforderung. Einschneidende Situationen können zum Beispiel der Verlust des Lebenspartners oder eines Familienangehörigen sein oder Scheidung, Tod, Jobverlust, Naturkatastrophen sowie medizinische Notfälle. Resiliente Menschen geraten auch in schweren Lebenssituationen nicht so leicht in Verzweiflung oder verstecken sich in ungesunden Lebensweisen, sondern sie stellen sich diesen Schwierigkeiten des Lebens, akzeptieren diese und bleiben trotzdem positiv und optimistisch. Sie geben nicht so leicht auf, sondern schaffen Auszeiten und sorgen für Abwechslung. Weiterhin sorgen Menschen mit stark ausgeprägter Resilienz für Strukturen im Alltag, die sie und das Umfeld stützen.

Manchmal hört man, dass resilienten Menschen Emotionen oder Empathie fehlen sollen, aber das stimmt nicht. Sie empfinden nicht weniger Trauer, Angst oder Unsicherheit, auch sehen sie das Leben nicht verklärt, aber sie haben Bewältigungsstrategien erlernt und setzen diese erfolgreich um. Sie verstehen, dass Rückschläge zum Leben gehören und dass manche Erfahrung hart und schmerzhaft sein kann. Sie erleben auch negativen Emotionen, die zum Beispiel nach einer Tragödie auftreten, aber ihre mentale Einstellung ermöglicht es ihnen, diese Gefühle zu verarbeiten und sich rasch zu erholen.

Resilienz gibt diesen Menschen die Kraft, Probleme direkt anzugehen, Widrigkeiten zu überwinden und ihr Leben weiterzuführen.

Soziale Unterstützung ist eine weitere wichtige Kern-Voraussetzung, die zur Resilienz beiträgt. Sozial gut integrierte Menschen haben in der Regel die Unterstützung von Partnern, Familie und/ oder Freunden/Bekannten und schmieden realistische Pläne.

Menschen, die über diese Resilienz nicht verfügen, die also mit Belastungen des Lebens nicht gut umgehen können und die von Negativ-Erfahrungen überwältigt werden, sind stärker gefährdet, Probleme mit selbstzerstörerischen Versuchen zu bewältigen. Problematisch ist dann der Griff zu Alkohol oder Tabletten, statt sich mit Strategien zur Bewältigung zu befassen.

Dieser Personenkreis leidet stärker und länger unter für sie unerträglichen Situationen. Sie können sich nur schlecht anpassen und haben eine andauernde Erholungsdauer, brauchen also länger, um Rückschläge zu verarbeiten.

Anstatt Widrigkeiten als unüberwindbar anzusehen, kann man diese Personen mit Lösungsansätzen unterstützen und ihnen helfen, Möglichkeiten zu finden, wie das Problem angegangen werden kann. Wenn Sie sich auf die positiven Dinge konzentrieren, die Sie tun können, können Sie aus einer negativen Denkspirale herauskommen.

Sie müssten ermutigt werden, positiver und hoffnungsvoller über Herausforderungen nachzudenken.

VII. Resilienz im Beruf

Auch Unternehmen nehmen zwischenzeitlich die Resilienz in den Fokus. Sie haben erkannt, wie sinnvoll es ist, ihre Mitarbeiter zu unterstützen, sich mit ihren Stärken und Schwächen zu beschäftigen und handeln danach, denn die Unternehmer haben gelernt, dass Resilienz der Mitarbeiter eine wichtige, nicht zu vernachlässigende Ressource ist.

Dies verbessert nachweislich die Leistungsfähigkeit[8] der einzelnen Person oder des gesamten Teams,

---

[8] Institut für angewandte Arbeitswissenschaft e. V.Institut für Arbeitswissenschaft, Technische Universität Darmstadt (IAD)Institut

da die Mitarbeiter die Fähigkeiten an die Hand bekommen, um sich Situationen anpassen zu können, die schwierig sind oder Stress oder Angst und Anspannung erzeugen.

Unter Leitung von Prof. Sonntag wurde der Resilienz-Kompass[9] entwickelt. Das Credo dort ist: *Stärke durch Beschäftigte und starke Betriebe durch Resilienz.*

Vorteilhaft für die Mitarbeiter ist es, wenn Unternehmen sich über die Stärkung der Resilienz der Mitarbeiter informieren, sich damit auseinandersetzen und diese fördern, denn mit dem Bewusstsein, Entwicklungsbedarf zu erkennen und zu entwickeln, kann sich positiv auf Beschäftigte auswirken und ist gut für das Unternehmen, denn Krankheits- und Ausfallzeiten bedingt durch Stress etc. können dem Mitarbeiter erspart bleiben.

Schon das Gefühl, das ich als Mitarbeiter habe, wenn ich weiß, dass ich Unterstützung bekommen kann, stärkt meine Resilienz. Darüber hinaus werden die Teamfähigkeit und der Zusammenhalt im Unternehmen gefördert und die Gesundheit des Einzelnen.

---

der deutschen Wirtschaft Köln e. V. (IW)Hochschule Fresenius Düsseldorf

[9] https://www.iwkoeln.de/fileadmin/user_upload/Studien/Gutachten/PDF/2018/Gutachten_Resilienzkompass.pdf

Ein angenehmes Betriebsklima macht mir als Mitarbeiter das Leben leichter, wenn man sich um die psychische Gesundheit des Einzelnen Gedanken macht, und wirkt sich positiv aus. Dieses Angebot an Unterstützung stärkt die Resilienz. Außerdem kommen wir wieder zum Punkt Selbstwirksamkeit. Wenn ich als Mitarbeiter Werkzeug an die Hand bekomme, mit dem ich Probleme als lösbar erachten kann, da ich gelernt habe, mit Problemen umzugehen und Lösungen zu finden, löst das den Knoten und lässt mich Hindernisse bewältigen.

Auch hier sind die Eigenschaften wie beschrieben wiederzufinden:

✓ **Positivität**
✓ **Optimismus**
✓ **Soziales Umfeld**
✓ **Achtsamkeit.**

Folgende Angebote richten sich seitens der Unternehmen an die Mitarbeiter:

Ich möchte lernen, mit Stress und psychischen Belastungen umzugehen und möchte Bewältigungsstrategien kennenlernen. Aufgrund der Schulung zum Thema Resilienz übernehme ich sodann Eigenverantwortung für mich und andere und suche, wenn benötigt, Unterstützung, um mein Ziel zu erreichen.

Studien zeigen, dass eine offene Gesprächskultur und ein Gesundheitsmanagement mit dem Fokus auf Stress- und Konfliktbewältigungsstrategien die Mitarbeiter stärken und ihnen ein positives Feedback bezogen auf ihr Selbstwertgefühl geben.

Mitarbeiter aus Unternehmen mit lösungsorientierten Ansätzen nehmen seltener die Opferrolle ein, da sie gelernt haben, Ziele konkret zu formulieren, Hilfe einzufordern und Hilfe zu suchen. Das heißt, es müssen verschiedene Maßnahmen miteinander verknüpft und langfristig integriert werden.

Mitarbeiter, die resilient sind, sind zufriedener, denn Unsicherheit wird durch offene Unternehmenskultur entgegengewirkt. Offene Kommunikation wird unterstützt und dem Mitarbeiter dadurch Unsicherheit genommen. Lösungsorientierte Möglichkeiten werden geschaffen und mitgetragen. Ein gutes Konfliktmanagement und Sensibilisierung der Führungskräfte sorgen dafür, die Resilienz der Mitarbeiter im Auge zu behalten und gegebenenfalls Unterstützung zu leisten. Langfristig führt das dazu, Ausfallzeiten zu reduzieren oder zu minimieren.

Beobachtet man die Entwicklung auf der Unternehmer-Ebene, so fällt Folgendes auf:

Ist das Thema „Resilienz" im Unternehmen nicht durchsetzbar oder wird es erschwert, dann meist dadurch, dass es nicht geplant angeboten und durchgeführt wird.

Aufgenommen im normalen Weiterbildungsbereich und in der Hoffnung, dass sich die Mitarbeiter, die sich dafür interessieren, selbst um eine diesbezügliche Weiterbildung kümmern, wird nicht zum Erfolg führen. Vielmehr werden diese Angebote, die nur von latenter Art und Weise des Vorgesetzten getragen werden, schnell wieder aufgegeben. Häufig hört man, dass das Thema im Betrieb nicht umsetzbar ist und wieder aufgegeben wird. Ohne eine gute Planung ist eine Umsetzung unmöglich.

Eine oder mehrere Personen des Personalbereiches mit Führungsverantwortung sollten die Planung übernehmen. Sie sollten hinter dem Thema stehen und Engagement als Voraussetzung mitbringen.

Offene Fragen sollten früh geklärt werden. Hierzu zählt: Sind alle Mitarbeiter gleich interessiert oder gibt es Gruppen, die bevorzugt an das Thema herangeführt werden sollten? Wer oder welche Gruppe kann von diesem Thema am meisten profitieren?

Wertvoll ist (angelehnt an das Qualitätsmanagement) eine Zielsetzung. Wichtig ist die Klärung der Frage: Was wird mit der Resilienzförderung erwartet? Wo liegt das Interesse des Einzelnen oder Gruppen?

Dies könnte vorab im Rahmen von Fragebogen-Auswertungen abgefragt werden, zielgerichtet an Personen und Gruppen.

Frühzeitig sollte mit dem Start eines Konzeptes zur Förderung der Resilienz der Mitarbeiter gestartet werden. Eine langfristige Planungsdauer sollte festgelegt werden. Starten Sie dann mit den Angeboten und führen Sie diese durch.

Letztlich ist es nicht unerheblich, das Ziel zu messen. Auch hier lehnen wir uns wieder an das Qualitätsmanagement an. Wichtig ist, sich damit auseinanderzusetzen, ob das Angebot zielführend war und von den Mitarbeitern angenommen wurde und ob das Angebot zu Verbesserung des Arbeitsklimas und zur Teamförderung angenommen wurde. Ansonsten ist Nachbesserung erforderlich.

Kontinuierliche Messung des Ergebnisses ist Voraussetzungen für weiteres Gelingen. Folgende Fragen (ohne Anspruch auf Vollständigkeit) sollten beantwortet werden:

o Wurde bei dem Mitarbeiter oder der Gruppe die Lebenszufriedenheit gestärkt?

o Konnten positive Emotionen oder verbesserte Arbeitsbedingungen das Klima im Team stärken?

o Konnten negative Emotionen zurückgefahren werden? Hierzu zählen Frustration und verminderte Leistungsfähigkeit.

o Konnte das Betriebsklima insgesamt verbessert werden?

o Wenn ja, auch die Mitarbeiterzufriedenheit?

o Wurde die Work-Life-Balance verbessert?

Auch kleinere Betriebe sollten sich dem Thema nicht verschließen. Auch hier sind schon einige Betriebe zu finden, die im beruflichen Bereich Resilienz stärker beobachten und dazu übergehen, Resilienz zu fördern und Möglichkeiten bereitstellen, diese zu stärken und zu fördern.

Ein teurer Unternehmensberater ist nicht dringend erforderlich. Das von dem Bundesforschungsministerium geförderte Projekt des **Resilienz-Kompass**[10] gibt gute Ratschläge zu diesem Thema und berät umfassend. Der Kompass gibt Werkzeuge an die Hand,

---

[10] **Resilienz-Kompass zur Stärkung der individuellen und organisationalen Resilienz in Unternehmen, Prof. Sonntag**

um eigenständig die Resilienz der Mitarbeiter bewerten zu können und gegebenenfalls zu verbessern. Auch in kleineren Betrieben könnte die praktische Umsetzung wie folgt erfolgen:

- Ermittlung
- Analyse
- Durchführung von Maßnahmen
- Messung der Zielerreichung

mit dem Ziel, den Bedarf der Mitarbeiter festzustellen und dabei die Mitarbeiter ins Boot zu holen, sie dafür zu interessieren und die Maßnahmen bedarfsgerecht umzusetzen.

Positiv hierbei ist natürlich, dass sich Mitarbeiter mit ihrer Widerstandskraft auseinandersetzen und durch Übungen und Wiederholungen den Stresssituationen, die sich gerade im Job ergeben, gelassener entgegentreten, da sie resilienter sind.

Sodann erfolgt die Analyse, also: Wie viele Mitarbeiter des Unternehmens haben Bedarf an Weiterbildung und Schulung (sind alle Mitarbeiter eines kleinen Betriebs interessiert)? Vielleicht auch im Rahmen eines Pilotprojektes könnte geklärt werden, ob weiterer Bedarf besteht. Wichtig ist eine Bestandsaufnahme.

Weiterhin ist es sinnvoll zu klären, ob weitere Begleitung zum Thema in Form von Wiederholungen oder Schulungen sinnvoll ist.

Wichtig ist in einem kleinen Unternehmen ebenfalls eine verantwortliche Person, die sich mit dieser Thematik auseinandersetzt und die Bearbeitung übernimmt. Setzen Sie sich damit auseinander, was Sie erreichen möchten. Erst wenn Sie wissen, was Sie mit der Resilienzförderung erreichen möchten, können Sie auch entscheiden, in welchen Bereichen und auf welchen Ebenen Sie ansetzen wollen, und können geeignete Maßnahmen ableiten.

Die Maßnahmen an Weiterbildungsangeboten müssen durch eine Führungskraft unterstützt werden. Notwendig ist hier ein wiederholtes Werben darum, sich mit der Thematik auseinanderzusetzen und die Vorteile herauszuarbeiten.

Nach einer zeitlichen Befristung muss die Messung des anvisierten Ziels durchgeführt werden. Dies kann unterschiedliche Ziele haben, eine emotionale Verbesserung sowie Resistenz gegenüber Stress ist ein wichtiger Ansatz und sollte den Mitarbeitern vermittelt werden. Übereinstimmend sind jedoch die folgenden Punkte ein wichtiges Ziel für die Resilienz-Weiterbildung:

- Optimismus

- Lösungsfindung

- Akzeptanz

- Positivität

- Soziale Kontakte / Sozialkompetenz.

VIII. Resilienz in der Partnerschaft

Ich möchte mich nachfolgend dem Bereich Resilienz in der Partnerschaft widmen, denn dies ist ein sehr wichtiges Thema, gerade in Zeiten der Schnelllebigkeit, aber auch der Pandemie mehrerer Mutanten um die COVID-19-Erkrankung.

Resilienz, wahrgenommen als Fähigkeit, Krisen und Rückschläge zu bewältigen und trotz schwerwiegender Belastung widerstandsfähig zu bleiben, ist eine Kernkompetenz, die die Partnerschaft und das Familienleben unheimlich erleichtern kann.

Gehen wir davon aus, dass Homeoffice neben Home-schooling funktionieren soll, müssen Regeln abgestimmt und eingehalten werden, um jedem Einzelnen in der Familie die Möglichkeit zu geben, in der allzeit gegenwärtigen Belastung, Freiräume einzuräumen. Diese müssen geschaffen werden, um nicht auszubrennen.

Der Weg zur Arbeit, der Plausch mit Kollegen oder mit anderen Eltern im Kindergarten oder in der Schule sind ersatzlos weggefallen. Hier kenne ich Frauen, die bei der Mitteilung, Kindergärten und Schulen bleiben Corona-bedingt geschlossen mit Weinkrämpfen reagierten, weil sie sich am Ende fühlten. Stattdessen gibt es regierungsseitig die Empfehlung, dass man als Familie am besten zu Hause bleiben soll.

Da die Qualität der Partnerbeziehung Einfluss auf das Familienklima hat, sollten partnerschaftliche Rituale, die den Zusammenhalt des Paars stärken, geschaffen werden, denn die Zufriedenheit innerhalb der Paarbeziehung sorgt auch für höhere Zufriedenheit innerhalb der Familie und begünstigt damit auch die Fortentwicklung der Kinder (vgl. Mannheimer Studie – Resilienz bei Kindern).

Die glücklichen Partnerschaften haben auch hier eine bessere Prognose, gut durch die schlechten Zeiten zu kommen. Auszeiten von der Familie, dem Partner, den Kindern sind elementare Voraussetzungen für Glück in Partnerschaft und Familie.

Feste Zeiten, die nicht zur Familien-Zeit zählen, sondern nur dem Paar gelten, sollten geschaffen und durchgesetzt werden. Ein Spaziergang allein als Paar schafft Gemeinsamkeit und gibt Raum für klärende Gespräche. Im Gespräch zu bleiben, körperliche Nähe, Berührungen, Wünsche zu formulieren oder auch mit Abstand Erziehungs- oder Paarproblematiken zu formulieren, ist eine der wichtigsten Grundvoraussetzungen für Zufriedenheit.

Letztlich darf Respekt und Wertschätzung nicht vergessen werden, um den Frieden innerhalb der Familie langfristig beizubehalten.

Bei aller Zufriedenheit als Paar und Familie geschieht es jedoch auch immer wieder, dass Streit entsteht und man Frust und Wut aushalten muss. Hier bietet sich an:

o Positiv zu bleiben, den anderen, der dies vielleicht gerade nicht kann, mitzuziehen und somit beiden aus der Krise zu helfen.

o Zu akzeptieren, dass derzeit manchmal schnelllebige

Änderungen erfolgen, auf die man keinen Einfluss hat, denn das Leben verändert sich, jeden Tag, jede Stunde, manchmal mehr, manchmal weniger. Ob diese Veränderung als positiv oder negativ empfunden wird, liegt an jedem Menschen selbst. Aber die Resilienten unter uns sehen in Veränderung auch Möglichkeit!

o Seien Sie und bleiben Sie optimistisch!

o Falls das Familienleben trotz Optimismus schwierig wird oder bleibt, suchen Sie nach Lösungen – am besten in der kompletten Familie. Wenn jeder seine Meinung kundtun darf und man versucht, alle Wünsche untereinander in Einklang zu bringen, schafft dies eine vertrauensvolle Atmosphäre und schafft positive Energie.

o Übernehmen Sie Verantwortung – für Ihre Gefühle, gute wie schlechte, und führen Sie sich vor Augen, dass Sie Einfluss auf Ihre Beziehung haben. Daher ist Verantwortung für Ihr Handeln Grundvoraussetzung.

Folgende Tipps können die Beziehung auch in der Corona-Zeit frisch halten:

✓ Sport ist auch derzeit möglich. Gehen Sie spazieren oder nehmen Sie die Joggingrunde auf, die Sie schon immer laufen wollten. Allein, um den Kopf freizubekommen und zur Ruhe zu kommen – mit Ihrem Partner, um zusätzliche Qualitätszeit mit Ihrem Partner zu haben.

✓ Grenzen setzen: Sind Sie am Ende? Fordern Sie eine Auszeit ein und setzen Sie Grenzen. Sie helfen nicht bei den nächsten Hausaufgaben, sondern Sie delegieren Aufgaben und Sie nehmen sich heraus. Wertschätzung und Respekt bleiben auch bei einem Nein erhalten.

✓ Wertschätzen Sie sich selbst. Respektieren Sie, was Sie leisten und geleistet haben, und stellen Sie Ihre eigenen Bedürfnisse nicht ständig zurück. Reden Sie mit Ihrem Partner über Ihre Bedürfnisse – und ganz wichtig: auch über seine!

✓ Durchbrechen Sie die Routine. Lassen Sie sich etwas Neues einfallen. Wie wäre es mit einer großartigen Essensbestellung, aber nicht vom typischen Lieferanten von nebenan. Überlegen Sie sich etwas Leckeres, das Sie schon immer ausprobieren wollten oder kochen Sie etwas Spektakuläres nur für Sie beide.

✓ Gehören Sie zu dem Personenkreis, dem die Krise schon so weit zugesetzt hat, dass schon einiges schiefläuft und klärende Gespräche nicht selten im Chaos enden? Die Gedanken drehen sich im Kreis und eine Lösung lässt sich nicht finden? Wichtig ist auch hier, dass Resilienz erlernbar ist. Die Beziehung sollte geklärt werden, auf die eine oder andere Art. Fragen Sie Ihren Partner nach seiner Einschätzung und hören Sie ihm zu! Die Atmosphäre sollte in einem entspannten Rahmen sein.

✓ Lenken Sie den Blick auf positive Erfahrungen, gerade in der heutigen Corona-Zeit, und versuchen Sie, Zuversicht zu vermitteln, wenn Sie diese empfinden. Negative Erfahrungen prägen sich stärker ein, weshalb es wichtig ist, das Positive in den Mittelpunkt zu rücken, was natürlich schwer ist. Zum Gespräch gehören:

✓ Lob – führen Sie sich und Ihrem Partner vor Augen, was Sie beide in der letzten Zeit geleistet haben und „klopfen Sie sich hierfür ruhig auf die Schulter".

✓ Üben Sie zu akzeptieren, dass es nicht immer gut laufen kann und im Leben immer wieder Unberechenbares passieren kann und wird. Sollten Sie sich in festgefahrenen Situationen befinden, analysieren Sie diese und führen Sie Veränderungen herbei.

✓ Versuchen Sie, die eigenen Gefühle in Worte zu fassen und fragen Sie Ihren Partner nach seinen Gefühlen. Verzeihen Sie sich selbst und Ihrem Partner. Hören Sie auf sich selbst, denn es lohnt sich, gut mit sich selbst umzugehen.

✓ Stellen Sie Glück über hohe Gewinne und Materielles.

✓ Ehrlichkeit ist eine wichtige Voraussetzung, um langfristig die Probleme beilegen zu können. Sollte sich eine Beziehung nicht retten lassen, ist es sinnvoll, diese zu überprüfen. Aus Sicht vieler Wissenschaftler bringt es mehr, eine unglückliche Beziehung eher früher als später zu beenden, sofern sie nicht zu retten ist.

✓ Beglücken Sie Ihren Partner. Lassen Sie sich etwas einfallen. Schauen Sie gemeinsam seine Sportsendung oder seine Lieblingssendung.

Kaufen Sie im Supermarkt seinen Lieblingswein oder seine Lieblingsschokolade.

✓ Humor ist ein Baustein, der eine Beziehung pflegt und zusammenhält. Ärgernisse können wir so leichter wegstecken. Albern zu sein, sich zu amüsieren oder Quatsch zu machen – entdecken Sie Ihr Humor-Talent und stecken Sie Ihren Partner an.

Eine stark ausgeprägte Resilienz ist also gute Voraussetzung, um mit den Herausforderungen im Leben und mit den Herausforderungen, unter denen Ihre Partnerschaft steht, umzugehen. Und nicht vergessen:

Sie können Resilienz das ganze Leben lang erlernen, neu erlernen, ausbauen und fördern. Die Stärkung des Selbstbewusstseins und ein guter sozialer Rückhalt sind eine der Kernkompetenzen und nicht wegzudenken. Sich bewusst zu werden: Krisen und Veränderungen gehören zum Leben dazu. Wir alle müssen lernen, dies zu akzeptieren. Jeder und jede ist selbst dafür verantwortlich und muss sich den Herausforderungen stellen. Aber man ist nicht allein. Suchen Sie sich Unterstützung bei der Stärkung der Resilienz.

IX. Resilienz bei Kindern

Wenn Kinder sich durch schwierige Zeiten kämpfen müssen, versuchen die meisten Eltern, ihre Kinder zu unterstützen, was gut und verständlich ist.

Schon heute sind Kinder belastet, frühzeitig setzen beispielsweise Sorgen um ihre Noten ein oder ein weiteres aktuell gutes Beispiel ist das derzeitige Homeschooling durch die Corona-bedingte Pandemie.

Fragt man nach den Corona-Belastungen, die langfristig auftreten können, so schreibt das Ärzteblatt[11], dass die Kinderseelen derzeit besonders unter der Krise leiden. Das hat die zweite Befragung im Rahmen der COPSY-Studie („Corona und Psyche") des Universitätsklinikums Hamburg Eppendorf (UKE)[12] ergeben. Fast 85 % der Kinder fühlen sich belastet, besonders Kinder aus sozial schwachen Familien leiden und jedes dritte Kind zeigt Hinweise auf eine psychische Belastungsstörung. Die Kinder aus sozialer Beeinträchtigung oder Kinder, die in engen Wohnungsverhältnissen leben, sind vermehrt betroffen und können nur weniger Unterstützung finden.

Die Berichte von Kindern, die mit ihrer Wut, Aggression sowie psychosomatischen Beschwerden zurechtkommen müssen, haben zugenommen. Ein Teil von ihnen kommt aus sozialen Brennpunkten. Lt. Prof. Ravens-Sieberer werden zunehmend Niedergeschlagenheit, aber auch Kopfweh diagnostiziert. Kinder leiden heutzutage stärker unter Ängsten und Sorgen, die durch andere Kinder bereitet werden.

Eine Mannheimer Studie[13] von Franz Petermann zeigt

---

[11] https://www.aerztezeitung.de/Politik/Wie-die-Corona-Pandemie-Kinder-psychisch-belastet-417124.html
[12] https://www.aerztezeitung.de/Politik/Wie-die-Corona-Pandemie-Kinder-psychisch-belastet-417124.html

[13] Die Mannheimer Risikokinderstudie (Franz Petermann, 2018)

einen großen Risikofaktor für Kinder auf, wenn die partnerschaftliche Beziehung der Eltern untereinander stark belastet ist oder ein Elternteil alleinerziehend ist.

Dies führte nach seinen Erkenntnissen zu einer möglichen Entwicklung psychischer Erkrankungen. Diese Studie kommt – ähnlich wie die weiter oben aufgeführte Studie von Emmy Werner – zu der Erkenntnis, dass die Resilienz dieser Kinder durch zielorientierte Fördermaßnahmen gestärkt werden kann. Hier wie auch in der Studie um E. Werner wird die stabile Bezugsperson für eine gute Entwicklung aufgeführt, die Orientierung gibt, aber auch Grenzen aufzeigt. Ein weiterer Resilienzfaktor ist ein sich schätzendes Miteinander und positives Klima.

Die Studie des Universitätsklinikums Hamburg zeigt auch, dass gut funktionierende Familien die Krise besser meistern, dies auch ganz unabhängig von ihrer finanziellen Lage oder von der Wohnsituation. Familien, die zusammenhalten, können die Krise besser bewältigen.

Darüber hinaus gibt es aber auch die Kinder, die resilienter gegenüber den Herausforderungen des Lebens sind und auch die derzeitige Pandemie mit ihrem Fernunterricht, Homeschooling sowie Isolation eher als Herausforderung betrachten.

Die *Leiterin der „COPSY"-Studie[14]*, Professor Ulrike Ravens-Sieberer, sagt:

„Wenn eine Familie stabile Beziehungen bietet, wenn sich die Kinder aufgehoben und geschätzt erleben, dann gucken sie auch optimistischer in die Zukunft."[15]

Dies erinnert an die häufig zitierte Langzeitstudie der Psychologin Emmy Werner[16] zum Thema „Resilienz". Sie hat innerhalb mehrerer Jahrzehnte 700 hawaiianische Kinder, geboren 1955, erforscht, von denen rd. 1/3 vernachlässigt wurden oder in Armut aufwuchsen.

Diese Kinder lernten früh Krankheit und Sucht- und diverse weitere Probleme kennen. Die Lebensumstände waren nicht als kindgerecht zu bezeichnen. Ein Teil dieser Kinder übernahm im späteren Alter das durch ihre Eltern vorgeprägte Leben, auch sie wurden

---

[14] In der COPSY-Studie untersuchen die UKE-Forscher die Folgen der Corona-Pandemie auf die seelische Gesundheit und das Wohlbefinden von Kindern und Jugendlichen in Deutschland. Sie haben dafür von Mitte Dezember 2020 bis Mitte Januar 2021 mehr als 1000 Kinder und Jugendliche und mehr als 1600 Eltern mittels Online-Fragebogen befragt.

[15] **Professor Ulrike Ravens-Sieberer**, *Leiterin „COPSY"-Studie*

[16] Quelle Emmy Werner

abhängig von Alkohol oder Drogen, waren verhaltens-auffällig oder fielen dadurch auf, dass sie die Schule nicht beendeten.

Ein anderer Teil dieser begleiteten Kinder ließ sich aber nicht unterkriegen durch Vernachlässigung oder Suchterkrankung der Eltern bzw. durch ihre schwierigen Startbedingungen. Vielmehr setzten sie sich durch und konnten ihre Außenseiter-Rolle, bedingt durch die Lebensumstände ihrer Eltern, ablegen.

Emmy Werner, die diese Kinder gern als „verletzlich, aber unbesiegbar"[17] bezeichnete, erläuterte, wie wichtig das Umfeld außerhalb der Familie war. Dieses äußere Umfeld konnte dazu beitragen, dass die Kinder die prekäre Situation ihres Zuhauses ablegen konnten, und die Entwicklung der Kinder positiv beeinflussen.

Zusammenfassend erläuterte sie, dass die Kinder, die später gestärkt durchs Leben gingen, mindestens eine Bezugsperson hatten, von der sie gefördert wurden und die ihnen vermittelte, wie wertvoll sie waren. Diese Personen gaben den Kindern gleichzeitig Orientierung, setzten aber auch Grenzen. Aus der genannten Studie ging hervor, dass nicht nur Vater oder Mutter als wichtigste Bezugsperson das Kind formten,

---

[17] Emmy Werner

sondern dass dies auch andere nahestehende Menschen übernehmen konnten. Wichtig war, die Kinder spüren zu lassen, dass es jemanden gab, der ihnen zur Seite stand, der für sie da war.

Aus dieser Studie lesen wir, dass der zentrale Faktor die den Kindern vermittelte stabile Widerstandskraft, eine positive Grundeinstellung mit allen Freiheiten, Grenzen, die diese Kinder brauchten, und ein verlässliches, tragfähiges, soziales Netzwerk war. So gestützt, ließen sich die Kinder nicht so leicht unterkriegen.

Sie lernten, Herausforderungen zu akzeptieren, zu meistern, Lösungen zu finden und sich letztlich nicht unterkriegen zu lassen.

Übertragen wir die Erkenntnisse dieser Studie mit den Kindern auf die Corona-Pandemie mit all ihren Beeinträchtigungen, stellen wir fest, dass verschiedene Kinder die derzeitige Pandemie mit ihrem Fernunterricht sowie Isolation eher als Herausforderung betrachten. Nach den Forschungsergebnissen handelt es sich dabei um Kinder, die aus intakten und gut unterstützenden Familien stammen.

Sie zeigen sich resilienter gegenüber den Herausforderungen des Lebens.

Doch auch die Kinder, die nicht über die

vorgenannten Eigenschaften verfügen, können Resilienz erlernen, und zwar zu Hause und auch in der Schule.

Resilienz lässt Kinder erfahren, dass man auch aus Rückschlägen etwas Positives ziehen und man Herausforderungen meistern kann. In Zeiten, in denen Eltern ihren Kindern jedoch zu viel abnehmen und diese nicht selbst probieren lassen, können Kinder auch nicht resilienter und widerstandsfähiger werden.

Kinder müssen lernen, mit Rückschlägen und Problemen zurechtzukommen, um ein psychisch ein gesundes Leben führen zu können, und sind belastbarer, wenn sie sich mit Rückschlägen auseinandersetzen müssen. Verschiedene Quellen sagen, dass Kinder nicht ihr Ziel erreichen müssen, um stark und optimistisch zu werden. Ein Anzeichen für eine gute Resilienz bei Kindern ist, dass sie auch bei Schwierigkeiten durchhalten und sich auf einen Lösungsweg konzentrieren, auch wenn sie lange dafür brauchen oder Unterstützung einfordern müssen. Kindern, die durch Eltern oder nahe Bezugspersonen erfahren haben, dass man an sie glaubt, vermittelt man, dass der Fortschritt anerkannt wird.

Diese Rückschläge können das Selbstwertgefühl der Kinder anfangs vielleicht beeinträchtigen, aber

Rückschläge gehören zum Leben dazu und genau diese Erfahrung sollte Ihr Kind machen. Die zentralen Thesen zur Resilienz thematisieren, dass Rückschläge akzeptiert werden und Lösungen die Widerstandskraft des Kindes fördern, denn es lernt seine eigenen Stärken kennen. Wenn Sie Ihrem Kind helfen wollen, so lassen Sie es Herausforderungen meistern, denn wenn Sie aufhören, Kinder vor Herausforderungen zu schützen, entwickeln die Kinder Resilienz.

Eltern können immer wieder ermutigen, indem sie ihre Kinder auf dem Weg zu einer Lösung zwar unterstützen, ihnen aber gleichzeitig die Möglichkeit lassen, selbst eine Lösung zu finden. Die Kinder auf ihre Stärken hinzuweisen, unterstützt sie dann besonders. Dies sollte in ehrlicher Art und Weise erfolgen, ohne Übertreibungen. Verweisen Sie auf Erfolge in der Vergangenheit. Diese Ermunterung macht sie widerstandsfähig, belastbar und damit resilienter.

In Dänemark treten Eltern ihren Kindern gelassener und auf eine natürliche Art und Weise entgegen. Eltern üben dort keinen Druck aus und erziehen ihre Kinder nicht mit Ultimaten. Die Dänen versuchen, in der Kindererziehung das Positive zu sehen, und übertragen das auch auf ihre Kinder, die dann wiederum entspannter sind. Die kreieren ein Verhältnis zu ihnen, das auf Vertrauen basiert. Daher gelten die dänischen Kinder wiederholt als resilienter und glücklicher. Ermutigen Sie Ihr Kind, um Hilfe zu bitten, wenn es nicht weiterweiß. Auch das Um-Hilfe-Bitten ist eine Stärke Ihres Kindes und sollte so verstanden werden.

Folgende Tipps für den Umgang mit Kindern, die sich als noch (!) nicht so resilient zeigen, möchte ich Ihnen an die Hand geben und beziehe mich dabei auf die zuvor schon an zwei Stellen zitierte Studie der Emmy Werner:

➢ Eltern sollte die Kinder dabei unterstützen, positiv zu bleiben, auch wenn die Situation sich als sehr schwierig darstellt. Berücksichtigt man dies bei der Corona-Pandemie, muss man bedenken, dass die nunmehr mehr als 1-jährige Pandemie-Zeit den Kindern länger vorkommt. Unterstützung und Zuversicht sowie Positivität sind hier fast unverzichtbar. Wichtige Bezugspersonen sollten, wenn eine persönliche Kontaktaufnahme nicht möglich sein sollte, via Telefon, Skype oder Zoom Kontakt halten, also das Kind auch aus der Ferne unterstützen, aber auch Grenzen aufzeigen.

➢ Nicht vergessen werden darf, dass Kinder Sie als Vorbild wahrnehmen. Wenn Sie also (am Beispiel

Corona) selbst zum Beispiel die Maske nicht gern tragen, erwarten Sie nicht, dass Ihr Kind die Maske mag.

Oder wenn Sie bei Rot über die Straße gehen, wundern Sie sich nicht, dass Ihr Kind nicht stehen bleibt, wenn die Ampel umschlägt.

➤ Eine weitere wichtige Quelle, um gut durch diese Zeit zu kommen, ist die Akzeptanz. Wir müssen akzeptieren, dass wir leider nicht wissen, wie sich die Zukunft entwickelt oder wie lange die Pandemie noch dauert. Dies muss aber positiv übermittelt werden, um das Kind nicht zu überfordern.

➤ Selbstwirksamkeit ist ein Punkt, der dem Kind vermitteln kann, dass, wenn wir uns alle an die auferlegten Regeln wie Kontaktbeschränkung und Maskentragen halten, wir dazu beitragen können, dass die Fallzahlen sich nicht weiter erhöhen.

➤ Eine ausreichende Bewegung ist für das Kind ebenso wichtig, um energievoll in den Tag zu starten, darüber hinaus ist für das Kind Bewegung essenziell. Auch der Schlaf darf nicht vergessen werden. Das Kind sollte ausgeruht und erholt schlafen. Elektrische Geräte sollten ausgestellt sein, um einen guten Schlaf zu gewährleisten. Rituale und abgedunkelte Räume unterstützen das Einschlafen. Lieber ein Buch vor dem Schlafengehen vorlesen (oder das Kind liest selbst) als eine Stunde vor dem Fernseher.

➢ Letzter Punkt ist dann die Ablenkung und nicht zu vergessen: Humor. Auch wenn uns die Ideen langsam ausgehen sollten, sollten wir auf ein stabiles Netzwerk setzen und uns Anregungen von außen (zum Beispiel via Skype) holen. Wichtig ist, neue Anregungen zu bieten, und vor allem, den Humor nicht zu verlieren. Lachen ist gesund – auch in Pandemie-Zeiten!

Auch an dieser Stelle möchte ich nochmals zurückkommen auf die Mannheimer Risikokinderstudie (Franz Petermann, 2018), die zeigt, dass Belastungen der Partnerschaft der Eltern große Risikofaktoren für die Entwicklung einer psychischen Belastung der Kinder sind.

Die Eltern sind gefordert, ihre Beziehung untereinander zu klären, um dem Kind Sicherheit zu vermitteln. Kinder, die in nicht kindgerechten Verhältnissen aufwachsen, brauchen stabile, verlässliche Bezugspersonen, die Sicherheit vermitteln, aber auch Grenzen setzen in einem wertschätzenden und unterstützenden

Klima. Diese Voraussetzungen bereiten das Kind auf eine positive Zukunft vor und erhöhen so die Widerstandsfähigkeit.

Zusammenfassend kommen wir immer wieder zurück auf die Kernkompetenzen, die bei resilienten Personen wiederholt zu finden sind:

Das sind die positiven, wertschätzenden Gedanken sowie die Auseinandersetzung mit sich selbst, weiterhin wird immer wieder genannt, dass man ein gutes Selbstwertgefühl hat und Verantwortung für sich und andere übernimmt.

Darüber hinaus finden wir Akzeptanz der Dinge, die sich nicht verändern lassen wieder, sowie den Ansatz, Lösungen zu finden, auch wenn sie unkonventionell erscheinen mögen.

Optimistisch zu sein und in Zukunft zu bleiben sowie ein aktives soziales Umfeld, das mir zur Seite und dem ich natürlich ebenfalls mit meinen Ressourcen zur Seite stehe, sowie Achtsamkeit mit meinem Körper und für meine Bedürfnisse sind die zentralen Punkte, die hierbei Berücksichtigung finden müssen.

Nun aber zurück zu mir:

Ich wurde gefragt, ob ich nicht einen Ratgeber zum Thema Resilienz erstellen möchte. Aufgrund meiner Erfahrung denke ich, gut geeignet zu sein. Nun stehe ich also einige Jahre nach meiner schweren Zeit hier.

Ich konnte verschiedene Änderungen herbeiführen und fühle mich dabei wohl. Das Gefühl, fremdbestimmt zu sein, habe ich nicht mehr, denn ich weiß nun, wo und wann ich etwas ändern muss.

Ich habe Aufgaben delegiert und fühle mich nicht mehr für alles verantwortlich, handelte also selbstbestimmter.

Lösungen finde ich nun wesentlich schneller. Ich denke die Vorgänge durch und verwerfe nicht ständig das Vorherige. Wenn ich mich entschieden habe, ziehe ich dies auch durch – natürlich gibt es auch hier Ausnahmen.

Ich nehme mir einige Auszeiten. So findet man mich nun häufig im Stall, denn ich habe beschlossen, ab und an die Ponystute zu betreuen, die eigentlich meiner Tochter gehört. So gehen wir derzeit oft im Wald spazieren, Clara und ich. Gestern erst waren meine Tochter, mein Mann und ich mit dem Pony Clara unterwegs. Das Wetter war sehr mild, die Sonne schien und ich war froh und dankbar, dass wir einfach so unterwegs sein konnten. Auch das Pferdchen hat die Zeit genossen. Fast zwei Stunden waren wir unterwegs. Diese Auszeit hat mich so entspannt, dass ich diese positive Energie mitnehmen konnte in die neue Woche. Ich achte heute mehr auf mich und auch auf unsere Partnerschaft sowie die Familie. Mein Mann und ich nehmen uns Auszeiten auch in Zeiten von Corona in Form von Wander-Ausflügen oder Sport. Denn auch zu wandern und zu joggen, ist heute noch möglich. Und gute Gespräch können wir wo auch immer führen.

Meinen Schlaf konnte ich verbessern. Heute erkenne ich dass der nicht ausgeruhte Schlaf mich damals fertig gemacht hat. Ich musste lernen, wieder erholsam und tief zu schlafen und musste aufhören, nachts Probleme zu wälzen. Heute kann ich das problemlos. Elektronische Geräte sind aus dem Schlafzimmer entfernt. Ein Fernseher stand dort nie, aber auch das Smartphone bleibt nun im Flur. Mein Wecker ist ein kleines Ding, das mit Batterie betrieben wird und sehr Vintage-mäßig wirkt.

Abends gehe ich ruhiger an die Dinge. Fernsehen gibt es eher selten. Schon wenige Seiten eines Buches vor dem Schlafen lassen mich ruhiger werden und besser einschlafen. Der abgedunkelte Raum tut sein Übriges.

Auch im Büro habe ich einige Aufgaben abgegeben, um besser durch den stressigen Büroalltag zu kommen. Das führt dazu, dass ich weniger Hektik schon am Montag empfinde und mich ruhig und gelassen auf den Arbeitsalltag einstellen kann. Ich arbeite gern, vielleicht hilft mir das auch, und ich bin zufrieden. Ich bewege mich häufiger, fahre Fahrrad oder jogge eine längere Strecke. Ich glaube, ich bin eher nicht der Leistungstyp, aber es tut mir gut.

Zeitlich habe ich das gut hinbekommen und auch dieser Aufgabe, vorher habe ich so was noch nicht gemacht, hat mich wachsen lassen, was ich positiv und optimistisch zur Kenntnis nehme.

Nun, was soll ich noch sagen:

Der Ratgeber ist fertig. Wie ich mich damit fühle? Widerstreitige Gefühle kämpfen mit mir. Ist der Ratgeber gut? Ist man mit meiner Arbeit zufrieden? Was, wenn nicht? Also auch ich nicht bin nicht gefeit dagegen, erst mal unsicher zu sein. Aber wie oben beschrieben gehe ich genauso vor:

Ich bin positiv und hoffe, dass meine Arbeit gut ist und meine Leistung anerkannt wird.

Mein Selbstwertgefühl leidet nicht, auch wenn der Ratgeber vielleicht nicht so ankommen wird, wie ich mir das erhoffe, denn ich habe viel hineingesteckt in diese Arbeit, aber genauso viel wurde mir gegeben und habe ich gelernt. Sehr viele nette und sympathische Menschen durfte ich in diesem Zusammenhang kennenlernen und mit ihnen korrespondieren.

Ich akzeptiere, dass ich eine Frist einhalten kann und muss und nicht ewig weiterschreiben kann. Ich akzeptiere also mein fertiges Ergebnis. Ich gehe lösungsorientiert an diesen

Auftrag heran. Ich hoffe, er ist so gut, dass es einen Folgeauf-trag gibt. Wenn nicht, kann ich dies nicht ändern und müsste mir neue Wege und Herausforderungen suchen. Hierbei lerne ich sicher auch wieder eine Menge im Leben wie ich auch bei dem Ratgeber-Projekt viel lernen durfte und die Gelegenheit hatte, meine Sicht der Dinge darzulegen.

Ich bleibe optimistisch und ziehe mich selbst nicht in Zweifel.

Herstellung und Verlag:

BoD – Books on Demand, Norderstedt

ISBN: 9783754318720

1. Auflage

Kontakt: Psiana eCom UG/ Berumer Str. 44/ 26844 Jemgum

Covergestaltung: Fenna Larsson

Coverfoto: depositphotos.com

FSC
www.fsc.org

MIX

Papier aus ver-
antwortungsvollen
Quellen
Paper from
responsible sources

FSC® C105338